MA TROISIÈME EXCURSION DANS LE SAHARA

BLOIS
TYP. ET LITH. C. MIGAULT ET Ce, RUE PIERRE-DE-BLOIS, 14

1894

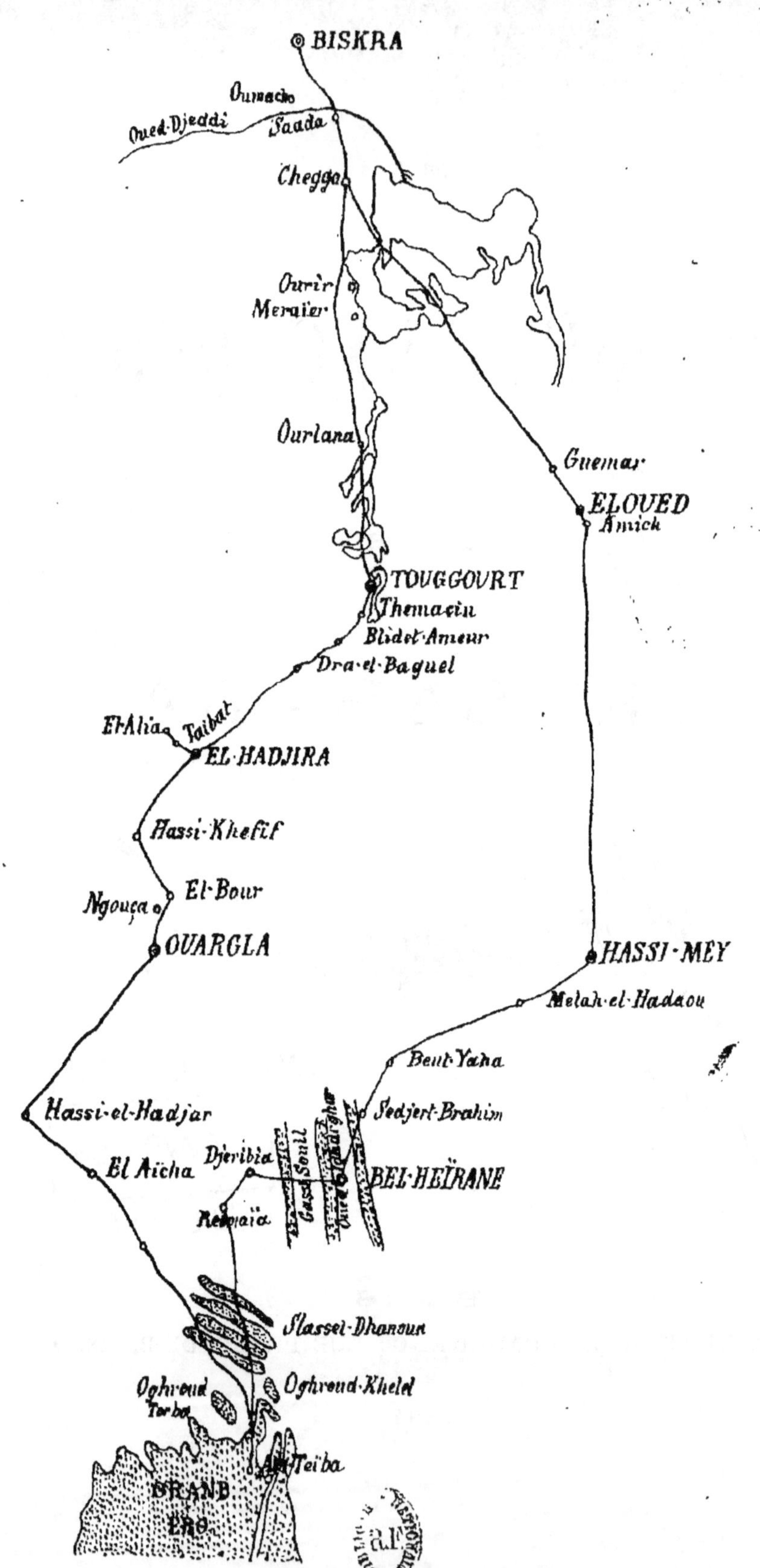
BISKRA
Oued-Djeddi
Saada
Chegga
Ourir
Meraïer
Ourlana
Guemar
ELOUED
Amich
TOUGGOURT
Themacin
Blidet-Ameur
Dra-el-Baguel
El-Alia
Taibat
EL-HADJIRA
Hassi-Khefif
El-Bour
Ngouça
OUARGLA
HASSI-MEY
Melah-el-Hadaou
Sedjert-Brahim
Hassi-el-Hadjar
El Aïcha
Djeribia
BEL-HEÏRANE
Slassel-Dhanoun
Oghroud-Khelel
Oghroud Terba
Teïba
GRAND ERG

MA
TROISIÈME EXCURSION
DANS
LE SAHARA

BLOIS
TYP. ET LITH. C. MIGAULT ET Cie, RUE PIERRE-DE-BLOIS, 14

1894

MA

TROISIÈME EXCURSION

DANS

LE SAHARA

I

Biskra — Le choléra — Route de Touggourt — Les razzou de Bel-Heïrane et d'Hassi-Djemel — Les postes fortifiés et la sécurité dans le désert — La quarantaine à Touggourt. — Retour à Constantine.

A la fin de septembre 1893, je suis arrivé à Biskra, ayant l'intention de profiter de l'hiver pour faire une troisième excursion dans le Sahara.

Le choléra qui avait régné l'été dernier dans la province de Constantine était alors en décroissance. A Biskra il a fait surtout des ravages chez les indigènes dont plusieurs centaines ont succombé. Parmi les Européens, ce sont les militaires qui ont le plus souffert, particulièrement les disciplinaires.

Dans la population civile, presque tous les cas mortels ont porté soit sur les alcooliques, soit sur des gens affaiblis d'avance par d'autres maladies.

D'ailleurs l'épidémie n'a pas eu à Biskra la marche foudroyante observée en d'autres villes de la province. Au Kroubs, par exemple, de nombreux décès ont eu lieu chez les Européens, et des personnes étrangères à la localité ont été enlevées après un séjour de quelques heures.

On discutait beaucoup à Biskra sur l'origine du choléra. Les uns l'attribuaient au retour des pèlerins de la Mecque, les autres à la résurrection des germes provenant des épidémies antérieures, résurrection causée par le curage des *séguias* (canaux d'irrigation), opéré cet été pour la première fois depuis de longues années. Les deux causes peuvent avoir agi simultanément ; en effet, d'une part un tiers des pèlerins est resté en route, enlevé par le choléra, de l'autre, les indigènes sont presque les seuls à faire usage de l'eau d'irrigation pour leur boisson, ce qui expliquerait leur forte mortalité.

Je dois dire qu'ils ont accepté passivement leur sort ; les médecins étaient mal reçus dans leurs maisons, on leur cachait les décès et on refusait leurs soins.

Les Juifs au contraire et aussi quelques Européens, ont été pris d'une panique telle, que, dès les premiers cas, l'unique train quotidien a été enlevé d'assaut par les fuyards. Le reste de la population européenne de Biskra ne s'est guère inquiété, et les quelques jours que j'ai passés dans cette ville avant mon départ pour le Sud ont été fort gais.

Mes préparatifs étaient très simples, et ne demandaient pas beaucoup de temps : engager comme interprète, cuisinier et homme de confiance, un Arabe que je connaissais déjà depuis deux ans, Abdallah-ben-Ahmed, acheter 50 kilos de couscous, autant de dattes, un peu de beurre, puis les ustensiles nécessaires, marmite, grand plat de bois, peaux de bouc pour emporter l'eau, et enfin louer des chameaux pour aller jusqu'à Touggourt. — Il aurait été plus économique d'en acheter, le prix de revente n'étant jamais assez bas pour qu'on n'ait pas avantage à cette combinaison. Mais les chameaux de Biskra ne sont pas habitués à marcher dans les dunes, et comme je devais en trouver beaucoup dans mon voyage, je préférais faire cet achat à Touggourt.

Je suis parti de Biskra le 30 septembre, avec un jeune homme, M. D... qui avait demandé à m'accompagner. Dès le lendemain une indisposition causée par la chaleur forçait cet aimable compagnon à m'abandonner et à revenir à Biskra.

La journée du 1er octobre fut extrêmement chaude. Dès midi la température atteignait 39° ; un sirocco assez fort nous soufflait en pleine figure un air aussi chaud que celui d'une bouche de four. Vers 3 heures je fis arrêter la caravane et dresser la tente pour avoir du moins un peu d'ombre. Le vent de S. W. continua toute la nuit, ce qui ne se produit qu'à petite distance de Biskra et devient extrêmement rare en plein désert où la nuit est toujours calme.

Au bordj de Chegga, j'avais appris la mort à Mraïer d'un tringlot faisant le ravitaillement des postes du télégraphe optique. Le choléra avait fait de grands ravages dans ce petit village, plus de 50 indigènes étaient morts en quelques jours. Je pris la décision d'éviter ce foyer d'infection, car je craignais d'être obligé de faire quarantaine à Touggourt. Au lieu de camper près du village, nous passâmes la nuit à 5 ou 6 kilomètres à droite de la route.

A partir de ce moment, nous avons marché la nuit, à cause de la chaleur qui ne diminuait pas. Nous partions vers 3 heures du matin et nous arrivions vers midi.

A Ourlana j'appris qu'un razzou (1) important avait eu lieu dans le Sahara. Il faut que j'en parle en détail, car ce fait a eu de l'influence sur tout mon voyage.

Dans les derniers jours de septembre, un poste de sept Arabes, de la tribu des Oulad-Sahia ou des Oulad-Ameur, de garde à Bel-Heïrane, pour compléter le cordon sanitaire fut surpris par une quarantaine de Chamba dissidents, conduits par un nommé Bou-Krechba. Ces bandits emmenèrent leurs prisonniers dans la dune et en massacrèrent 6, gardant le septième avec eux ; puis ils s'avancèrent effrontément jusqu'à 60 kilomètres de Touggourt, à Matmat où ils trouvèrent enfin ce qu'ils cherchaient, c'est-à-dire un troupeau de 300 chameaux. Ils commencèrent par en séparer un certain nombre appartenant à des Chamba, car il est important pour eux de ne pas se brouiller avec leurs compatriotes, firent abreuver les bêtes par les bergers eux-mêmes, et partirent aussitôt pour le Sud.

Avant de s'éloigner ils relâchèrent leur prisonnier, en lui disant : « Va répéter aux Français ce que tu as vu,
« et dis-leur que le sultan du Maroc vient pour les
« attaquer avec une armée tellement considérable que
« 800 chameaux ne suffiraient pas à porter les fers des
« chevaux !!! »

Le razzou a passé entre Inifel et le grand Erg, est venu boire à Hassi-Ghourd-Oulad-Aïch, à Tamesguida, où j'ai retrouvé ses traces un mois et demi après, et est arrivé

(1) *Razzou* ou *harka*, expédition de pillards.

à Bel-Heïrane presque sans avoir quitté la hammada très dure. Pour permettre à leurs mehara de fournir une pareille traite sur les cailloux, ils avaient dû leur mettre des espèces de chaussures en cuir, dont j'ai retrouvé un échantillon précisément à Bel-Heïrane.

On m'a raconté qu'après avoir fait leur coup à Bel-Heïrane, ils avaient trouvé un autre poste de gardiens, composé cette fois de Chamba ; ceux-ci les auraient reçus fort amicalement et les auraient laissés partir en leur souhaitant bonne chance. Je ne crois pas que le fait soit vrai, mais je le donne comme parfaitement vraisemblable ; les Chamba même les plus soumis ont un profond mépris pour les Arabes, et sans notre intervention ils les exploiteraient outrageusement. Les dissidents, même ceux qui font le métier de bandits, ne perdent pas du tout la bonne considération de leur ancienne tribu, pourvu que leurs rapines ne s'exercent pas sur des Chamba.

Le retour du razzou avec les chameaux volés s'est effectué par le Gassi-Touil.

Les officiers du bureau arabe d'Ouargla ont été prévenus les premiers. Tout en envoyant à la poursuite de Bou-Krechba les hommes disponibles, cavaliers et méharistes, ils prévenaient Touggourt par un cavalier à méhari et une dépêche optique. Fatalité singulière, le télégraphe qui depuis un mois avait fonctionné régulièrement, se trouva coupé cette nuit-là au point ordinaire, c'est-à-dire entre Dra-el-Baguel et Touggourt. Entre ces deux postes, le rayon lumineux rase le sol et passe au-dessus de chotts souvent humides ; il en résulte de très fréquentes interruptions, et c'est précisément ce qui arriva ce soir-là.

Le chef de poste de Baguel, comprenant l'importance de la dépêche, réveilla le tringlot du poste — il était minuit environ — et lui donna l'ordre de partir de suite pour Touggourt sur son meilleur mulet. C'était 45 kilomètres à faire la nuit en plein désert. Le tringlot arriva au petit jour à Touggourt, un peu avant le méhariste parti d'Ouargla la veille. Ce dernier avait fait la route en 18 heures — 180 kilomètres.

Tous les hommes disponibles furent encore mis en campagne, et les caïds durent en fournir d'autres pour les jours suivants. On ne put rattraper le razzou, mais une malheureuse caravane de contrebandiers de sucre venant de Gabès, tomba à l'improviste au milieu de toute cette agitation. Les cavaliers heureux de se rabattre sur ce maigre gibier les amenèrent au commandant de Touggourt, et au lieu des compliments qu'ils attendaient, reçurent une verte semonce pour leur apprendre à ne pas se laisser détourner de leur but.

Les Oulad-Sahia et les autres tribus razziées organisèrent à la hâte une expédition pour reprendre leurs chameaux. Ils parvinrent à atteindre les voleurs au moment où ceux-ci allaient arriver à leurs tentes. Au lieu d'attaquer de suite, les Arabes parlementèrent. Les Chamba leur dirent d'envoyer les plus notables d'entre eux, pour conférer des conditions auxquelles on leur rendrait leur bien. Quand ils furent assis auprès des bandits, ceux-ci prirent leurs fusils et tirèrent sur eux à bout portant. 7 Arabes furent tués et 3 grièvement blessés. Les survivants épouvantés prirent la fuite. Je n'ai pas su au juste ce qui s'était passé ensuite, mais on m'a dit que les Oulad-Sahia étaient revenus portant leurs blessés dans des burnous, ayant perdu 50 méhara, mais ramenant 3 ou 4 chameaux en mauvais état, que les Chamba avaient eu la générosité de leur abandonner pour porter leurs vivres.

A peu près à la même époque une autre razzia a été opérée près d'Hassi-Djemel, cette fois sur des chameaux appartenant à des Chamba d'Ouargla. Ceux-ci allèrent simplement les réclamer à Bou-Amama qui eut assez d'influence sur les voleurs pour les leur faire rendre.

Bou-Amama paraît fort ennuyé d'avoir à servir de patron et protecteur à une foule de bandits et de vagabonds qui vivent à ses dépens presque tout le temps. Il ne retire de leur compagnie que de maigres profits consistant en une dîme prélevée sur leurs vols et qui est loin de compenser les inconvénients de leur séjour près de lui. Aussi avait-il signifié à Bou-Krechba et à ses acolytes de se tenir à distance de son camp. Ceux-ci se sont en effet retirés à 8 ou 10 kilomètres et ont préparé leur coup de main sans sa participation. Il paraît que le razzou d'Hassi-Djemel était composé de gens encore attachés à Bou-Amama ; il faut donc lui savoir un certain gré d'avoir renoncé en faveur des Chamba d'Ouargla à la part qu'il aurait eue dans le troupeau enlevé.

Tels étaient les événements qui défrayaient les conversations lorsque j'arrivai à Touggourt. Tout en les déplorant je n'en étais pas étonné ; j'ai dit l'année dernière combien la sécurité procurée par les postes sahariens me semblait illusoire. Evidemment ces postes sont tout à fait imprenables par les nomades — encore faut-il qu'ils aient une garnison, ce qui n'est le cas ni d'Hassi-Mey ni d'Hassi-Bereçof — mais en dehors du terrain battu par leurs balles, le désert continue à appartenir aux bandits. La rapidité et surtout la sobriété de leurs méhara, leur assurent une liberté de mouvement que nos troupes n'ont plus, dès qu'elles sortent de la région où l'on trouve des puits à chaque étape.

Pour les nomades en expédition, la question de l'eau est secondaire ; le méhariste porte dans une peau de bouc une provision suffisante pour plusieurs jours, et sa monture se passe de boisson pendant un temps incroyable. Si un ou plusieurs puits sont gardés, peu leur importe, il y en a assez dans le Sahara pour que les bandits soient sûrs d'en trouver de libres.

Il n'y a que des méharistes qui puissent poursuivre efficacement un razzou à cause de la rareté des puits à partir d'une certaine distance, et surtout dans la région de l'Erg. Je m'étonne que l'expérience qui a si bien réussi à El-Goléah n'ait pas été développée largement ; nous n'aurons de sécurité réelle dans le Sahara que lorsque les bandits nous sauront en état de les faire poursuivre jusqu'au centre du désert par des soldats réguliers. L'audace et l'impunité de Bou-Krechba prouvent qu'il est temps d'agir (1).

Grâce à ma qualité de touriste je fus dispensé de la quarantaine de 4 jours imposée à tous les arrivants de Biskra. Le marché hebdomadaire était supprimé, deux villages voisins, Nezla et Tebesbest, étaient bloqués à cause du choléra qui s'y était déclaré ; la ville avait un aspect désert et lugubre qui ne lui est pas habituel, surtout au moment de la récolte des dattes. Ces mesures

(1) Depuis l'impression de ces lignes, les journaux nous ont appris que les autorités algériennes s'occupent de cette importante question. En effet, la création de « troupes sahariennes » a été décidée ; elles seront composées de fantassins *et de méharistes;* on cherchera à recruter des nègres du Gourara, ce qui est une excellente mesure. Cette organisation fait honneur à ceux qui en ont pris l'initiative. Elle rentre sans doute dans le plan général adopté par M. Cambon ; il serait à souhaiter que les idées très justes du gouverneur actuel de l'Algérie sur la politique saharienne soient toujours accueillies en France avec l'attention qu'elles méritent ; notre influence en Afrique ne pourrait qu'y gagner.

sévères ont eu d'ailleurs un plein succès. Touggourt n'a pas subi la visite de l'épidémie. Deux cas isolés s'y sont seuls produits. Les villages des environs ont au contraire été assez fortement éprouvés. Ce résultat fait honneur au médecin militaire et aux officiers du bureau arabe de Touggourt.

Quoique très nécessaires, ces mesures de préservation étaient fort gênantes pour le commerce. Il me fut impossible d'acheter des chameaux à Touggourt, et je dus m'estimer heureux d'y trouver un méhari assez vieux, mais encore solide et très bien dressé. Je comptais m'en servir pour aller dans les pâturages des environs chercher des chameaux à vendre.

Au moment de partir je fus rappelé subitement à Constantine par la mort de M. D... Le malheureux avait été atteint du choléra en retournant à Biskra. Mon absence dura huit jours. En passant à Ourir j'ai fait la connaissance de M. Méry, qui achevait les préparatifs d'une expédition dans le Sud.

II

De Touggourt à Ouargla — Rencontre de M. Foureau — Ma caravane — De Ouargla à Hassi-el-Hajar — De Hassi-el-Hajar à Tamesguida — Disparition des autruches — El-Aïcha — L'esclavage chez les indigènes - Région des Gour.

A mon retour de Constantine, ne trouvant encore pas de chameaux à acheter, je me décidai à en louer, et le 26 octobre je partais pour Ouargla, par la route des postes optiques et d'El-Hadjira.

J'étais bien connu dans ce village où deux années de suite j'avais reçu l'hospitalité du marabout de la confrérie des Tidjania. Cette année encore je comptais bien loger chez lui ; il était absent, n'étant pas encore revenu de la Mecque, mais son frère me reçut aussi cordialement qu'il aurait pu le faire lui-même.

A peine étais-je arrivé, que le bruit se répandit que M. Foureau était à El-Alia, à 20 kilomètres d'El-Hadjira. 20 kilomètres ne comptent guère dans le désert. Aussi je fis seller mon méhari et je partis en compagnie d'un autre marabout, Si Serhir, grand ami de M. Foureau, qui allait se préparer à le recevoir dans sa zaouïa (1) d'El-Alia.

Ce n'est que le lendemain que M. Foureau fit son

(1) Zaouïa — Centre religieux composé de l'habitation du marabout, d'une mosquée et presque toujours du tombeau d'un saint marabout.

entrée. Si Serhir nous offrit un repas gargantuesque où le mouton rôti ou bouilli, les dattes, le couscous et le lait de chamelle se succédaient sans interruption. Quand nous eûmes la liberté de quitter cet hôte trop empressé, la caravane était loin, mais les méhara vont vite, et le petit cheval de Si Serhir avait peine à suivre le pas allongé de nos montures. A Taïbat, je pris congé de M. Foureau et je revins à El-Hadjira retrouver mes hommes et mes bagages. Le 1er novembre j'arrivais à El-Bour, faubourg de Ngouça, au camp de M. Foureau.

Tous les notables du pays se disputaient l'honneur de recevoir à leur table l'homme le plus populaire de tout le Sud. Je profitais aussi de ces invitations toujours pittoresques et où la cuisine est souvent moins rudimentaire qu'on pourrait le craindre.

Avant de quitter El-Bour, j'organisai définitivement ma caravane en engageant 3 hommes nouveaux.

Mon effectif se composait alors de 4 hommes, 4 chameaux de bât et mon méhari.

Mes hommes étaient : 1° Abdallah, biskri, ancien cuisinier de la 1re mission Flatters, un des très rares Arabes en qui on puisse avoir toute confiance, parfaitement honnête et fidèle, parlant bien français, mais plus perdu dans le désert que ne serait un Parisien.

2° Kaddour, Chamba des Oulad-Zied, bon chasseur, connaissant bien toute la partie du Sahara à l'ouest de l'Oued Igharghar, bon garçon dont j'ai été très content.

3° Soueci, Chamba des Oulad-Zied, moins bon guide et moins sûr que Kaddour, se prétendant chasseur, mais manquant facilement une gazelle couchée à 12 pas. Je n'ai d'ailleurs pas eu à me plaindre de lui.

4° Ben-Grinn, vieux brigand, a roulé dans tout le désert, a poussé jusqu'au delà du Fezzan, et jusqu'auprès du Hoggar. Il a pris Touggourt aux Français en 1871, sous les ordres de Bou-Choucha ; il est vrai qu'il a ensuite fait partie de l'expédition dans laquelle son ancien chef a été pris et exécuté. A volé des chameaux dans sa jeunesse et doit avoir quelques assassinats sur la conscience. Demande à être tenu serré, mais est utile par sa connaissance des trucs du désert. Il a commencé par vouloir faire la mauvaise tête, mais une fois remis au pas, il a marché comme les autres.

Nous partîmes d'El-Bour le 4 novembre. J'avais été la veille chercher un supplément de provisions à Ouargla, aussi le jour de mon départ je ne m'arrêtai pas dans cette ville (1).

Le lendemain je rattrappai M. Foureau, et l'accompagnai jusqu'à Hassi-el-Hajar où nous fîmes séjour le 7 novembre. Je profitai de l'occasion, et de la présence d'un troupeau de moutons pour rendre à M. Foureau les dîners qu'il m'avait procurés à El-Bour. Abdallah se distingua dans un couscous soigné et un ragoût au piment à incendier un palais civilisé, les dattes servaient à la fois de hors d'œuvre, d'entremets et de dessert. Heureusement la gaîté d'un repas dépend moins de la qualité des mets que de l'entrain et la cordialité des convives.

Le lendemain matin, nous nous séparâmes avec les souhaits ordinaires de bon voyage, et je partis pour

(1) J'ai su depuis que j'avais donné des inquiétudes au bureau arabe d'Ouargla. Le Lieutenant chef de poste était occupé lorsque je me présentai pour lui faire visite, de sorte qu'il ignorait mes projets, et n'a su mon départ pour le Sud que quand j'étais déjà parti. Il a donné l'ordre aux postes de gardiens de le prévenir dès mon retour et n'a dû être rassuré sur mon sort que lors de mon arrivée à Djeribia.

El-Aïcha, puits situé au milieu de l'Oued-Mia : j'y étais passé déjà l'an dernier en allant d'Inifel à Ouargla. La route se poursuit sur une hammada (plaine caillouteuse), monotone et désolée. De temps en temps, nous traversons de vastes cuvettes contenant presque toutes des gisements de silex taillés, toujours associés à de nombreux débris de coquilles d'œufs d'autruches. Ces animaux n'ont disparu que tout récemment de cette région, et la plaine où nous marchons était il y a une vingtaine d'années le rendez-vous ordinaire des chasseurs d'Ouargla à la poursuite de cette riche proie. Une dépouille de mâle en bon état se vend jusqu'à 500 fr. Il ne faudrait pas connaître les indigènes pour supposer qu'un gibier aussi cher puisse exister longtemps à leur portée. L'extermination a été complète, il faut actuellement aller bien au delà d'Insalah pour trouver des autruches, et il est à croire qu'avec la guerre acharnée qu'on leur fait, elles reculeront rapidement dans des régions encore plus inaccessibles. Il ne reste ici comme témoins de leur existence que des coquilles d'œufs.

Le 9 novembre nous campons à El-Aïcha, où deux nègres esclaves abreuvaient un nombreux troupeau de chameaux, C'est un travail pénible que de faire boire un troupeau ; chaque chameau absorbe environ 60 litres qu'il faut puiser souvent à plus de 15 mètres à l'aide d'un dalou, sorte de seau ou plutôt de poche en cuir garnie à son ouverture d'un cercle de bois. C'est à peu près la seule besogne un peu dure que fassent les esclaves.

Les Chamba achètent ces nègres à Rhadamès, ordinairement tout enfants, et les élèvent dans leur tente comme s'ils faisaient partie de la famille. Ils ne les maltraitent presque jamais ; la loi musulmane les oblige à les vêtir convenablement et à les marier quand ils sont grands. Ceux qui restent auprès des tentes sont certainement plus heureux que dans leur pays ; l'indigène est trop paresseux lui-même pour s'étonner de la paresse de ses esclaves ; en réalité ceux-ci ne travaillent que quand ils le veulent bien et souvent moins que leurs maîtres.

Les enfants naissent libres et sont considérés dès leur naissance comme faisant partie de la tribu.

Un tel esclavage n'a de commun que le nom avec celui des Romains, et même avec celui des anciennes colonies européennes. Chez les musulmans l'esclavage rappelle plutôt le servage du moyen âge, mais, du moins en Algérie, il n'est pas héréditaire.

Presque tous ces nègres ont été volés étant enfants, par des hommes isolés. J'ai vu l'année dernière à Ouargla, un négrillon enlevé par un dissident à la porte de son père, hartani d'un village du Touat. Le voleur le vendit à un Chamba soumis, et les Pères Blancs le rachetèrent un peu plus tard. Le bandit apprit que le petit était heureux à la mission ; il lui vint alors l'idée d'aller prévenir le père et de se vanter d'avoir de la sorte procuré une bonne place à son fils. Ce qu'il y a de renversant et qui prouve que nous ne pouvons juger ces gens-là avec nos idées européennes, c'est que le papa très heureux de la nouvelle remercia le bandit, l'hébergea, et fit marché avec lui pour être conduit à Ouargla.

Ils firent cet énorme trajet seuls tous les deux ; j'ai vu à Ouargla le vieux nègre au comble du bonheur, auprès de son mioche, ne tarissant pas d'éloges sur son compagnon de route, qui, disait-il, avait été plein d'attentions pour lui ! Il comptait demander une concession à El-Goléah pour y cultiver des palmiers et s'y établir avec son fils ; j'ignore s'il a mis ce projet à exécution.

Je me suis souvent amusé des récits de mes guides sur les difficultés de tel ou tel indigène avec ses nègres. Ceux-ci savent parfaitement que les autorités françaises, qui ferment les yeux tant que l'esclave n'est pas maltraité, le protégeraient s'il avait à se plaindre de son maître. Aussi quand ils ont commis quelque méfait méritant une punition, ou même sans motif, filent-ils à Ouargla, El-Oued ou Touggourt ; et alors rien n'est plus drôle que de voir le maitre courir après son nègre et le supplier, les larmes aux yeux, de revenir à la tente reprendre son travail. Les rusés matois se font prier jusqu'à ce que le maître leur promette un bel habit bien brillant s'ils consentent à revenir avec lui.

Pour être exact, je dois dire que les Chamba sont plus doux que les Arabes envers leurs femmes, leurs enfants, leurs esclaves et même leurs animaux. J'ai vu quelquefois des actes de brutalité sauvage chez les Arabes, je n'en ai pas vus chez les Chamba.

Après El-Aïcha, nous quittons la vallée de l'Oued-Mia pour entrer dans la région des Gour (1). Le paysage change complètement. Autrefois il existait ici un vaste plateau rocheux que les pluies ont raviné dans tous les sens, laissant tout autour des témoins de l'ancien sol. Ces témoins sont les gour, sortes de pyramides tronquées, toutes de même hauteur, 40 à 50 mètres.

Leur sommet est une sorte de table constituée par l'ancienne surface du plateau ; leurs flancs, très raides, sont recouverts de débris. Les parties encore intactes du plateau sont coupées par des ravins plus ou moins profonds, dont les rives sont toujours très escarpées. La surface de la hammada est absolument aride ; toute la

(1) Gour, pluriel de gara, sorte de pyramide naturelle, témoin d'érosion.

végétation s'est réfugiée dans les bas-fonds et les ravins.

Nous circulons dans les canaux à fond de gravier qui serpentent entre les gour, escaladant quelquefois le plateau par les pentes les moins difficiles. Nous traversons l'Oued-Bediar, large de 2 kilomètres, dont le fond assez bien fourni de végétation est couvert de petites dunes, et quelques kilomètres après, nous descendons dans la dépression de Tamesguida.

Kaddour a trouvé près de l'Oued-Bediar les traces déjà anciennes du razzou de Bou-Krechba. D'autres traces toutes récentes sont attribuées par mes guides à deux chasseurs d'Ouargla qui ont dû se diriger vers le puits de Tamesguida ; c'est une bonne chance pour nous, car nous n'étions pas sûrs de trouver ce puits *vivant* ; s'il était *mort*, les chasseurs auront fait avant nous le travail nécessaire pour le ressusciter, c'est-à-dire retirer le sable qui a pu y être poussé par le vent. Les Chamba ont une habileté merveilleuse pour reconnaître les traces des chameaux et des hommes ; ils nomment à coup sûr tous ceux dont ils croisent la route.

III

Tamesguida. — Silex taillés. — Notre vie dans le désert. — Slassel-Dhanoun Gerboises. — Le Khelel. — Oghroud Torba. — Le grand Erg

Tamesguida est une vaste cuvette, de forme très irrégulière, où se jettent plusieurs torrents et d'où part un fleuve se dirigeant vers le N. N. W. Bien entendu il ne reste que les lits à sec de ces cours d'eau. Le puits, peu abondant, est dans la partie N. W. de la dépression. Un très important gisement de silex taillés existe dans l'E. Le décrire sera décrire tous ceux que j'ai journellement croisés sur ma route.

L'indice ordinaire d'un gisement était la présence d'un petit tas de pierres noires, recouvrant très souvent une masse de terre réduite en brique par le feu. C'était le foyer. Un premier coup d'œil montrait toujours autour de ce foyer des débris nombreux d'œufs d'autruche, non pas blancs comme les coquilles plus récentes, mais couleur café au lait, et tout usés par le sable. Quelques-uns sont percés d'un trou très régulier et devaient former des colliers ou des ornements divers.

A côté de ces débris qui tranchent par leur forme et leur couleur avec le terrain, un examen plus attentif montre des éclats nombreux de silex ; les uns sont bruts, tels que le premier coup de marteau les a détachés du noyau ; c'étaient les outils usuels, nécessaires pour couper la viande, gratter les os, tailler le bois, etc. ; le sauvage les fabriquait au moment du besoin et les jetait quand il s'en était servi ; d'autres retouchés très grossièrement formaient, à mon avis, les flèches et javelots dont ces peuples devaient faire une grande consommation. La forme en est caractéristique : les éclats obtenus d'un premier coup de marteau ont l'aspect d'un croissant grossier et très ouvert, deux ou trois coups frappés avec plus de soin aiguisaient la pointe ; une ligature faite sans doute avec des nerfs d'animaux suffisait à emmancher d'une façon solide la pointe au bout d'un bâton quelconque. Une des cornes du croissant se trouvait dans le prolongement de la hampe, l'autre formait harpon.

D'autres éclats moins nombreux étaient travaillés avec plus de soin ; les plus fréquents sont des poinçons très fins et encore très aigus, que je suppose avoir servi à faire les trous nécessaires à la couture, probablement dans des peaux de bêtes. Des grattoirs de toutes formes, allongés, concaves, convexes, sont travaillés très finement. On en trouve rarement d'intacts auprès des foyers ; évidemment, ces outils, plus précieux que les autres, n'étaient abandonnés que lorsqu'un accident les mettait hors d'usage. J'ai trouvé à Tamesguida les deux moitiés d'un même grattoir, cassé par le milieu ; détail curieux : l'usure, due au sable, n'est pas la même sur chacune des deux parties, l'une étant tombée sur une face et l'autre en sens inverse.

Enfin, les objets les plus rares et qui devaient être les plus précieux, sont ces délicates pointes de flèches dont tous les voyageurs dans le Sahara ont rapporté des échantillons. De même que pour les grattoirs, les pièces que l'on trouve près des foyers sont inachevées, imparfaites ou brisées. Tous les morceaux de choix que j'ai trouvés étaient isolés en plein désert, parfois dans des régions où l'on ne trouvait pas de silex. Evidemment, le propriétaire les avait perdus en route.

Je ne puis admettre que ces délicats travaux de patience aient jamais servi à un usage courant. D'abord, si sauvage qu'on suppose la race qui les a faits, on ne peut admettre qu'ils aient eu la naïveté de se servir d'outils dont la facture exigeait au moins quelques heures de travail et une habileté de main incroyable, au lieu de l'éclat grossier de silex dont le premier venu pouvait fabriquer des douzaines en quelques minutes, et qui devait remplir aussi bien, sinon mieux, son office. En outre, un objet aussi délicat que ces flèches devait se briser infailliblement sur le sol si on manquait le but, ou sur les os si on l'atteignait ; or, on a un très grand nombre de pièces parfaitement intactes ; il faudrait donc supposer que ces flèches n'ont jamais été tirées, en un mot, que c'étaient des armes de luxe. Telle est l'opinion que j'ai rapportée de l'examen d'un grand nombre de ces gisements.

D'autres objets, plus rares, quoique plus grossiers, montrent le parti que cette race savait tirer du silex ; j'ai recueilli des scies et des haches assez semblables à celles que l'on trouve en France.

Tout autour du gisement, on trouve les noyaux de silex sur lesquels ont été pris tous ces objets ; il semble qu'un certain goût ait présidé à leur choix ; la plupart sont des fragments dont la couleur peu ordinaire, la pureté ou la bigarrure ont dû attirer ces sauvages ; seuls, les outils très ordinaires sont tirés de morceaux de silex commun.

Des poteries grossières accompagnent souvent les silex,

elles sont très peu cuites, noires ou grises, et couvertes de petites entailles formant des dessins réguliers. Enfin, surtout dans la région de l'Igharghar, on rencontre des fragments de meules composées de deux pierres de grès que l'on frottait l'une contre l'autre. La meule inférieure est souvent usée des deux côtés, jusqu'à n'avoir plus qu'une très faible épaisseur.

Il est impossible de confondre ces gisements avec les traces des anciens campements arabes, bien que ceux-ci soient caractérisés aussi par des pierres noircies au feu et que l'on trouve souvent des fragments de silex aux alentours. Les pierres dont les Arabes se servent pour soutenir leur marmite sont au nombre de trois, assez grosses, et seulement noircies jusqu'à la moitié. Celles qui recouvrent les foyers des tailleurs de silex sont grosses au plus comme des morceaux de macadam, très nombreuses et noircies sur toute leur surface. Les silex taillés par les Arabes pour servir de pierre à fusil n'ont aucun rapport de forme avec les autres, et d'ailleurs sont extraits du noyau par un tout autre procédé. Enfin, les coquilles d'œufs d'autruche manquent souvent autour des campements arabes, tandis que je n'ai pas trouvé un seul gisement de silex taillés qui en fût dépourvu. Il est probable que ces coquilles servaient de vases.

Après un séjour d'une journée à Tamesguida, nous partîmes pour Aïn-Teïba, le 13 novembre. Nous avions quatre jours de marche à faire sans trouver d'eau, aussi nos guerba (1) étaient pleines du liquide assez médiocre fourni par le puits.

Nous n'avions plus de viande depuis trois jours et les

(1) Guerba, outre en cuir pour porter l'eau.

gazelles ne se montraient pas. Notre ordinaire était celui des nomades, couscous, dattes et galettes sans levain, cuites sous la cendre ou sur une plaque de tôle. Nos étapes, très variables, dépassaient rarement 30 kilomètres. Les nomades en font ordinairement 50 dans leurs déplacements, et cela nous est arrivé quelquefois ; mais n'étant pas pressé, je préférais aller moins vite, et me réserver du temps pour chasser ou explorer les environs de nos campements.

Nous partions au lever du soleil et nous arrêtions dans l'après-midi, tantôt de bonne heure, tantôt plus tard, selon les circonstances, l'état des pâturages, ou même par simple caprice. Aussitôt les chameaux déchargés, on les envoyait aux champs, entravés des pieds du devant. Puis nous dressions la tente et y rentrions les objets fragiles ou qui craignaient la rosée. Alors chacun mangeait une poignée de dattes, et allait à ses affaires. Ben-Grinn apportait du bois, Kaddour partait pour la chasse, Soueci raccommodait les vêtements, les chaussures ou les harnachements. Abdallah, lui, faisait volontiers la sieste, moi j'allais chasser, chercher des silex taillés, ou tout simplement flâner sur les dunes ou les gour voisins.

J'avais toujours ma carabine en bandoulière, depuis une algarade que m'avait faite Ben-Grinn pour m'être un jour éloigné de la tente d'une centaine de mètres sans autre arme que mon revolver. Ben-Grinn exagérait, mais en principe il avait raison ; dans ce pays il faut toujours être armé et sur ses gardes ; une surprise est possible même quand tout paraît calme dans le Sahara ; d'ailleurs on peut avoir la chance de tirer une gazelle.

Au coucher du soleil, tout le monde se réunissait

autour du feu, on préparait le couscous et la galette, puis une fois l'appétit satisfait, on se mettait à bavarder jusqu'à une heure assez avancée ; chacun racontait les événements auxquels il avait été mêlé, ou bien entamait un conte de fée. Des fragments des *Mille et une Nuits*, que je leur racontais par l'intermédiaire d'Abdallah, eurent un tel succès que Soueci se mit en tête de les apprendre par cœur, pour pouvoir les réciter à son tour.

Je trouvais un charme profond à ces veillées ; pendant que mes hommes causaient et plaisantaient entre eux, roulé dans mon burnous, je jouissais de l'admirable pureté du ciel, du calme de l'air et du désert. De temps en temps, une flamme plus haute allonge sur le sol l'ombre de mes guides, et permet de deviner la forme indécise des broussailles qui nous entourent, ou la silhouette fantastique d'un chameau en train de ruminer. Quelquefois, Kaddour chante d'une voix nasillarde une mélopée arabe que Soueci accompagne de coups rythmés sur le fonds d'une gamelle ; je crains que transportée hors de son cadre naturel, cette musique perde beaucoup de son charme ; dans le Sahara, elle nous semblait fort agréable. Si par hasard l'un de nous perçoit un bruit anormal, tous se taisent et l'oreille au guet cherchent à percer de l'œil le cercle de ténèbres qui nous entoure ; on ne reprend la conversation ou les chants que lorsqu'on s'est assuré que le bruit provient d'une gazelle attirée par notre feu, d'un fenec ou d'un chacal chassant les gerboises ou les mulots.

Dès notre première journée, nous quittons la hammada pour entrer dans les petites dunes appelées Slassel-Dhanoun, — chaînons du Dhanoun, — du nom d'une grosse asperge sauvage, utilisée quelquefois comme ressource alimentaire en cas de disette. Nos chameaux commencent à trouver du *hadd*, plante grasse épineuse dont ils sont très friands, et qui constitue des pâturages très appréciés, à cause de leur propriété de rester verts même en plein été. Les Arabes, qui n'osent pas s'aventurer si loin, confient quelquefois leurs troupeaux à des bergers Chamba pour les faire paître dans des régions où se trouve le *hadd*.

En route, mes hommes attrappent trois gerboises, dont Abdallah me fait un ragoût assez engageant. Malgré leur déplorable ressemblance avec des rats, les gerboises constituent une ressource qui n'est pas à dédaigner, elles ont un fumet assez agréable, qui rappelle un peu celui du gibier.

Aucun de mes hommes n'avait été de Tamesguida à Aïn-Teïba ; aussi le troisième jour, Kaddour qui avait pris la direction de la caravane, nous emmena beaucoup trop à l'Est et perdit tout à fait la route. Ayant traversé les Slassel-Dhanoun, nous arrivâmes dans une vaste plaine de gravier, bornée à l'E. par une énorme dune. Il ne me fut pas difficile de reconnaître, d'après la description de Flatters, l'Oghroud-Khcloula ou Khelel, dont la forme allongée, la hauteur et la situation ne permettaient pas de doute. Sans attendre Kaddour, parti devant nous pour chercher la route, nous prîmes de suite la direction d'Aïn-Teïba ; ce n'est qu'alors que mes Chamba comprirent l'utilité de la carte et de la boussole. Kaddour nous rejoignit bientôt et, chose rare chez un indigène, reconnut franchement son erreur.

Nous campâmes ce soir-là au pied des Oghroud-Torba, deux énormes dunes isolées. Les trois chasseurs dont nous avions trouvé les traces à Tamesguida nous avaient précédés. En outre, deux méharistes avaient été jusqu'à là source et en étaient revenus tout récemment. Mes guides reconnurent les traces comme appartenant à des gardiens de police, qui avaient dû faire une ronde aux environs d'Aïn-Teïba. C'était une bonne nouvelle pour nous, car leur retour paisible prouvait qu'ils n'avaient rien vu de suspect. La présence des chasseurs dans l'Erg était aussi une assurance de sécurité pour nous, car nous les aurions vu revenir sur leurs pas à la moindre alerte.

Je me procurai le plaisir de grimper au sommet du plus haut des deux Oghroud (1). Si l'ascension dans le sable mouvant est assez pénible, on est bien payé de sa peine par la vue dont on jouit au sommet. Le contraste est saisissant entre la plaine unie comme un lac qui s'étend au N. jusqu'à la masse imposante du Khelhel, et la région tourmentée que l'on domine au S. C'est le commencement du grand Erg, la région des dunes gigantesques qui recouvrent une étendue immense dans cette direction. La bordure, appelée Oudje de l'Erg par les indigènes, est formée d'une barrière de dunes escarpées qui semblent se serrer les unes contre les autres pour empêcher de pénétrer dans leur domaine. Au delà, c'est un entassement inouï de dunes, sur lesquelles le soleil couchant répandait à ce moment des teintes invraisemblables d'éclat et de variété. Si habitué que je sois au désert, je ne puis me blaser sur le spectacle des grandes dunes. La pureté des lignes de ces énormes tas de sable, l'éclat et la couleur de leurs gigantesques flancs sans aucune tache, les jeux de lumière produits par les diverses inclinaisons des plans, et par-dessus tout l'impression de sa propre petitesse au milieu de ce cahos,

(1) Oghroud pluriel de Ghourd, dune isolée.

tout cela forme une sensation unique au monde et dont on ne se lasse pas.

Des Oghroud-Torba à Aïn-Teïba, il y a une quinzaine de kilomètres. Après le passage assez difficile de l'Oudje, nous arrivons dans une vaste vallée coupée de petites dunes et qui se prolonge presque jusqu'à la source; en choisissant les passages, on peut arriver sans grand peine jusque-là. Le fond de la vallée est parfois tout à fait débarrassé de sable, et montre le sol primitif du désert sur lequel se sont élevées les dunes.

IV

Aïn-Teïba — Chasseurs de gazelles — Un Chamba vindicatif — Singulière requête — D'Aïn-Teïba à Bel-Heïrane – Les gazelles — Retmaïa — Djeribia — Les Gâssi — L'Oued-Igharghar — Bel-Heïrane — Commerce avec le Soudan

Aïn-Teïba offre un aspect vraiment extraordinaire, et qui a toujours vivement frappé les voyageurs. On l'a décrit d'ailleurs souvent. C'est un vaste cratère creusé dans le sable, le fond est occupé par une mare d'eau salée, verte et nauséabonde. Une ceinture absolument impénétrable de roseaux l'entoure complètement. On a creusé dans ce fourré des puisards qui fournissent une eau excellente, d'où le nom arabe de la source, — Aïn-Teïba, la bonne fontaine. — Un bouquet de palmiers occupe l'extrémité Ouest de la mare, leur tronc est noirci jusqu'au sommet par l'incendie que les indigènes allument presque tous les ans dans les roseaux, soit pour dégager les puisards, soit tout simplement pour s'amuser un instant à la vue des flammes et de la fumée qui remplissent alors le cratère. Nos guides voulaient me donner ce spectacle avant mon départ, mais je m'y suis opposé ; l'aspect de cette végétation exubérante est trop agréable quand on est depuis huit jours dans le désert, pour que j'aie voulu en priver ceux qui viendront après moi.

A trois cents mètres de la source, vers l'ouest, se

trouve un cratère semblable, mais moins profond, et à sec. Nous nous sommes établis sur l'arrête sablonneuse qui le sépare du premier.

Je suis resté deux jours à Aïn-Teïba ; mes hommes en profitèrent pour faire une lessive complète, et procéder à des ablutions bien nécessaires. Je fis quelques excursions dans les environs. On trouve souvent dans les vallées, au milieu des dunes, des pétrifications calcaires assez remarquables. Les silex taillés abondent dans toute cette région ; des poteries assez bien décorées, et des perles d'un verre grossier semblent indiquer aux environs d'Aïn Teïba, à une époque reculée, un état social plus développé, et probablement des rapports commerciaux avec des centres civilisés.

Le lendemain de notre arrivée, nous eûmes la visite de trois Chamba d'Ouargla qui allaient dans l'Erg, à une ou deux journées de marche, chasser la gazelle et la grosse antilope, celle que les indigènes appellent la vache sauvage. Ils nous apprirent la dissolution de l'expédition Méry. M. Méry ayant fait arrêter et conduire à Touggourt une caravane de contrebandiers de sucre, ses Chamba, tous parents, amis ou associés des délinquants, l'abandonnèrent immédiatement.

Il est fort heureux qu'il ne se soit pas obstiné à continuer, car j'ai su d'une façon certaine que les Chamba avaient l'intention de « lui faire comme au colonel », c'est-à-dire de le trahir comme ont fait les guides de Flatters, et de le massacrer ou le faire massacrer par les Touaregs.

On ne se figure pas à quel point ces peuplades sont vindicatives ; un exemple le montrera. On se rappelle qu'il y a quelques années des missionnaires français ont été assassinés près de Rhadamès. Un Chamba qui leur servait de guide, dénoncé par certains Touaregs, fut livré par les Turcs aux autorités de Tunisie, et est resté environ un an en prison, pendant l'instruction de son affaire. Les preuves de sa culpabilité n'ont pas été établies, et en effet, je crois qu'il était innocent. Toujours est-il qu'on le relâcha. Au bout de quelques jours il fila en dissidence, se rendit chez les Touaregs, se mit bien avec eux et s'informa de ceux qui l'avaient dénoncé. Il fit semblant de se réconcilier avec eux, et vécut quelque temps en bonne intelligence avec tout le monde.

Un beau jour, il proposa à ses nouveaux amis une expédition dans le Sahara français, se faisant fort de les guider jusqu'aux troupeaux de ses compatriotes, et leur promettant un riche butin. Les Touaregs acceptèrent avec enthousiasme, et treize d'entre eux l'accompagnèrent. Dans les environs de Bel-Heïrane, le Chamba profita d'une nuit obscure, prit son sabre et un revolver que lui avaient donné les missionnaires, puis fondit sur ses compagnons endormis en poussant des cris sauvages, lâchant les six coups de son revolver, et sabrant furieusement. Les Touaregs épouvantés, réveillés en sursaut dans une obscurité profonde, se croyant surpris par une troupe nombreuse, détalèrent comme des gazelles, et attendirent le jour dans une terreur bien compréhensible. Pendant ce temps, notre homme chargeait les chameaux, réunissait les méhara, et partait tranquillement pour Ouargla.

Au petit jour, les Touaregs se comptèrent, trouvèrent que six d'entre eux manquaient à l'appel, et détail typique, n'osant pas y aller eux-mêmes, envoyèrent un nègre au campement, pour savoir ce qui était arrivé. Le nègre trouva 5 morts et un blessé, plus de chameaux, mais il eut beau chercher il ne vit d'autres traces que celles du traître. Les survivants regagnèrent leur pays, et jurèrent de faire payer cher sa trahison à celui qui leur avait joué ce tour. Le gaillard qui s'en doute bien, vit maintenant à Ouargla ; il est devenu riche grâce au produit de son vol, mais il a renoncé aux voyages annuels à Rhadamès que font presque tous les Chamba : il sent bien que le terrain n'est pas sûr pour lui. Ses compatriotes l'admirent et le citent en exemple aux jeunes gens !

Tel est le Chamba, amoureux des grands coups de sabre, des chevauchées lointaines à la poursuite du butin, susceptible et vindicatif si on le maltraite, mais plus fidèle que l'Arabe à une parole donnée, facile à mener quand on a acquis sa confiance, et surtout (suivant une expression familière) « qu'on le prend par les sentiments. » Bons guerriers, ils finiraient par détruire les tribus arabes abâtardies qui les entourent, si les Français ne s'interposaient pas.

Ils semblent avoir bien pris leur parti de notre domination. Les trop nombreux cas de dissidence proviennent en grande partie de querelles particulières, soit avec les caïds, soit plus souvent avec les cadis, sortes de juges de paix dont l'intégrité, si j'en crois la renommée, est sujette à caution. Leur vénalité est si bien passée en axiome chez les Chamba, que quelques-uns d'entre eux me demandèrent s'il n'y aurait pas moyen d'obtenir le remplacement des cadis musulmans par des juges de paix français, disant que la tribu s'engagerait à leur assurer un traitement minimum de 3,000 francs. Cette requête est d'autant plus remarquable que c'est le cadi qui dresse les contrats de mariage ; évidemment, l'intervention d'un *roumi* dans cet acte dépendant de la loi religieuse, ne peut que froisser des musulmans. A cette objection ils me répondaient qu'ils aimeraient encore mieux cela que d'être volés par leurs coreligionnaires. Je leur ai conseillé de faire signer par tous les justiciables d'un même cadi une pétition qu'ils présenteraient au moment du décès, de la révocation,.... ou de l'arrestation du titulaire.

D'Aïn-Teïba nous prîmes la route de Djeribia, droit au nord. En repassant à Oghroud-Torba, Kaddour tua notre première gazelle ; depuis ce moment jusqu'à Hassi-Mey la chasse nous fournit constamment de la viande. Les gazelles parcourent le désert à la recherche des endroits où il a plu, et nous eûmes la chance de traverser des régions arrosées récemment par des pluies d'orage. Kaddour, soit seul, soit avec moi, partait en général en même temps que la caravane, mais dans une autre direction, à la recherche des traces fraîches ; quand nous en trouvions une, nous la suivions jusqu'au moment où nous apercevions la gazelle, à 5 ou 600 mètres. Alors profitant des moindres touffes, nous approchions lentement, nous arrêtant quand elle levait la tête, marchant quand elle se mettait à brouter. Nous arrivions assez facilement jusqu'à 150 ou 200 mètres, c'est-à-dire à portée de ma carabine ; les Chamba qui n'ont que de vieux fusils à piston sont obligés de s'approcher beaucoup plus près, ils rampent entre les touffes ou bien appellent la bête en bêlant. Kaddour était de première force à cet exercice, sitôt que la gazelle l'entendait, elle arrivait à lui en courant, et s'arrêtait pétrifiée dès qu'elle le voyait, lui laissant le temps de viser à loisir.

Des Oghroud-Torba à Djeribia les premières heures de route sont dans un gassi, plaine de gravier fin, absolument unie, bordée de dunes de chaque côté. On entre ensuite dans les Slassel-Dhanoun où l'on reste jusqu'à Retmaïa. Retmaïa est le nom d'un puits *mort* actuellement, et d'un énorme et magnifique Oghroud, un des plus beaux que j'aie vus. Du sommet le regard s'étend d'un côté sur les Slassel-Dhanoun et sur la hammada qui s'étend vers Tamesguida ; de l'autre, dans la direction de Djeribia, on domine une région mixte où se rencontrent successivement la hammada, le gravier (*reg*) et de longues chaînes du dunes (*erg*) disposées parallèlement l'une à autre sensiblement dans la direction du méridien.

Djeribia est un puits assez récent creusé pour remplacer un autre qui est *mort* maintenant. Nous y trouvons un poste de gardiens qu'on y a placés après l'affaire de Bel-Heïrane. Ce sont des Arabes, car on n'emploie pas les Chamba à ce service, à cause de leurs relations d'amitié ou de parenté avec les dissidents.

Les gardiens de Djeribia présentaient un peu l'aspect d'une cour des miracles ; il y avait là des borgnes, des boiteux et des bossus ; de plus leur armement était composé de fusils peut-être vénérables par leur antiquité mais qui avaient un besoin urgent de repos. Rien d'étonnant à cela ; la corvée d'aller passer un mois en plein désert, sans vivres frais, n'est pas recherchée ; aussi quand les caïds ont à commander des hommes de leur tribu pour ce service, tous les débrouillards s'éclipsent, et le choix ne porte que sur ce qu'il y a de plus misérable. D'ailleurs un Arabe ayant quelques douros en poche, préfère encore en sacrifier une partie pour se faire remplacer ; le caïd à qui cela est bien égal, et qui a souvent la bouche close par des arguments monnayés, annonce au bureau arabe qu'il a réuni le nombre d'hommes demandés et tout est dit.

De Djeribia à Bel-Heïrane nous sommes dans la région

des Gassi, plaines de reg, s'étendant entre deux chaînes de dunes dirigées du N. au S. Quelques-uns de ces Gassi ont une longueur énorme, sur une largeur assez faible, le plus remarquable à ce point de vue est le Gassi Touil, qui traverse complètement le Grand Erg ; il est entièrement débarrassé de dunes et la végétation même y fait défaut, l'horizontalité du sol est parfaite, aucun accident de terrain ne vient rompre cette uniformité ; les dunes formant les rives de ce gigantesque couloir se maintiennent à une distance variant de 4 à 10 kilomètres l'une de l'autre. Des puits les uns *morts* les autres *vivants* sont creusés entre les chaînes de dunes ; nous avons quitté en effet le désert proprement dit pour entrer dans les terrains de parcours fréquentés quelquefois par les troupeaux des indigènes. La partie où nous sommes n'est pas divisée entre les tribus, chacun a le droit de mener ses chameaux où il lui plaît, à la différence de ce qui se passe dans d'autres régions où le désert est partagé, et où les tribus ne peuvent empiéter les unes sur les autres. Il est question de procéder au partage dans la région située aux abords de El-Oued et de Hassi-Mey.

Nous arrivons enfin dans l'Oued-Igharghar, analogue comme aspect aux Gassi que nous venons de traverser, mais de dimensions plus considérables et plus accidenté. Dans le lit de l'Oued, près de la rive droite, se trouve le puits de Bel-Heïrane, témoin de la tragédie du mois de septembre. Ce puits profond d'une quinzaine de mètres donne en abondance une eau excellente, dont nous nous régalons. Nous campons au delà du puits, dans un repli de dunes où nous trouvons du bois de chauffage et des pâturages en assez grande quantité : Nous y faisons séjour le lendemain pour laisser reposer les chameaux. C'est ici le pays des Oghroud ; du haut de celui qui domine le puits, j'ai pu compter 207 de ces énormes tas de sable fin, les uns tout à fait isolés sur la plaine, les autres reliés entre eux par des chaînes de dunes moins élevées.

Le 29 novembre, au matin, en sortant de ma tente pour donner le signal du départ, je trouve un brouillard humide et froid, tellement épais que nous nous décidons à rester un jour de plus ; la perspective de marcher à l'aveuglette n'a rien d'attrayant, nous sommes pénétrés d'humidité et transis de froid ; heureusement le bois ne manque pas. La matinée se passe auprès du feu, à raconter des histoires et des aventures du voyage. Ben-Grinn a une quantité de souvenirs les uns peu édifiants les autres assez intéressants. Kaddour et Soueci sont souvent en contact avec les Touaregs, Soueci sait même quelques mots de leur langue. Je leur demande des détails sur le commerce avec le Soudan ; d'après eux, la caravane annuelle qui comprend les 9/10 des voyageurs pour le Sud se concentre à Rhat ; elle est composée de 5,000 chameaux environ et d'autant d'hommes. Une discipline presque militaire est imposée à tous ses membres par le *Kebir*, chef élu par eux avant le départ. La partie la plus dure du voyage est la traversée d'un désert où pendant 5 jours (250 kilom.) on ne trouve pas un brin d'herbe. On emporte un peu de nourriture pour les chameaux ; afin de l'économiser, ces pauvres bêtes ont la bouche attachée pour les empêcher de ruminer ; ce n'est qu'en arrivant au campement, chaque soir, qu'on les détache pendant quelques minutes. En route tous les chameaux sont attachés les uns derrière les autres, au lieu d'être libres comme dans les caravanes du Nord.

Les marchandises emportées au Soudan sont surtout

le sel et la poudre ; de plus des objets fabriqués de différentes sortes. Au retour on rapporte des esclaves, des peaux, de l'ivoire, de la poudre d'or et des parfums à l'usage des Arabes.

La caravane revient à Rhat six mois après son départ. Là, elle se disloque, chacun regagnant son pays séparément.

Cette caravane n'exploite que la région du Bornou et aussi du nord de Sokoto. Le courant commercial de Tombouctou est plus à l'Est, cependant un certain nombre de caravaniers suivent aussi la route de Rhat.

Dans la soirée nous eûmes la visite de deux chasseurs qui vinrent partager notre dîner, et nous firent cadeau d'une gazelle.

En arrivant à El-Oued, mes hommes trouvèrent trois contrebandiers qui leur racontèrent qu'arrivant d'Insalah, ils étaient venus boire à Bel-Heïrane. La découverte de notre campement les avait inquiétés, et ils avaient passé la journée à 2 ou 3 kilomètres de nous, blottis avec leurs chameaux dans un repli de dunes, attendant notre départ pour se remettre en route. Le hasard a voulu que dans nos allées et venues nous n'ayons pas croisé leurs traces, nous ne nous sommes pas doutés de leur présence.

V

Sedjert-Brahim — La bonne aventure — Le « debbane » — Le frère de Soueci en dissidence — Etat misérable des dissidents — Rapports des Touaregs avec la France — Hassi-Mey — El-Oued — Biskra.

Le 3 novembre nous suivons la vallée de l'Oued-Igharghar, nous nous arrêtons de bonne heure à peu de distance du puits de Sedjert-Brahim, où nous campons le lendemain. Le puits est dominé par un monticule où un indigène qui venait tous les ans pâturer dans les environs, a bâti une maison, c'est lui qui a donné son nom au puits, — les broussailles de Brahim. — La maison est en ruines, et ne sert plus que d'abri temporaire aux bergers et aux chasseurs.

En rentrant de la chasse, je trouve Ben-Grinn occupé à dire la bonne aventure à ses camarades ; je profite de l'occasion pour consulter moi-même l'augure. Ben Grinn fait dans le sable 4 rangées de petits trous, les efface deux par deux en commençant par la droite, et en exceptant les deux derniers à gauche ou le dernier, suivant que la rangée est paire ou impaire. Il lui reste donc 4 lignes composées chacune de 1 ou 2 trous, cet ensemble forme une *maison* (*dar*). Il la reproduit au-dessus de son tableau, égalise le sable et recommence 4 fois ; dans les 4 *maisons* ainsi formées il prend les premières lignes de chacune et en forme une 5e maison ; de même avec les 2me, 3me et 4me lignes. Il a donc en tout 8 *maisons ;* chacune des 16 combinaisons possibles a un nom particulier, et est heureuse ou malheureuse ; de plus, la position des points indique soit le gibier, soit le voyage, soit le mariage, etc. ; on comprend donc que la position du point *gibier*, dans une *maison* favorable, signifie que la chasse sera heureuse et ainsi de suite.

J'ai été frappé de la ressemblance de ce procédé avec celui indiqué par Scheherazade dans l'histoire d'Alladin, alors que le *magicien africain* veut savoir des nouvelles de son frère, et tire l'horoscope au moyen d'une boîte pleine de sable, sur laquelle des dessins forment des *maisons* et lui apprennent ce qu'il veut savoir. Ben-Grinn tenait sa méthode d'un Targui (1), qui l'avait lui-même apprise au Soudan. Les nègres en effet ont la réputation d'être des magiciens émérites ; ils savent des secrets pour se rendre invisibles, égarer ceux qui les poursuivent, jeter des sorts, prédire l'avenir, etc.

Le Soudan est pour les Arabes une terre mystérieuse peuplée de génies, qui défendent les mines d'or et de pierres précieuses. Des dragons, des serpents monstrueux, des scorpions grands comme des hommes, et autres animaux fabuleux hantent ces régions, et les nègres qui parviennent à se procurer, malgré ces obstacles, la poudre d'or et l'ivoire passent pour de grands sorciers. Il n'est pas besoin d'ailleurs d'aller si loin pour trouver des monstres, Ben-Grinn avait rencontré entre Tripoli et le Fezzan le serpent à tête de chèvre qui, caché dans les rochers, bêle pour attirer les voyageurs et les dévorer ; il nous dépeignait d'une façon saisissante sa terreur et sa fuite prudente ; il est possible que la peur lui ait assez bouleversé les idées

(1) Targui, — pluriel Touaregs.

pour qu'il ait cru de bonne foi avoir vu et entendu ce terrible animal ; une autre hypothèse serait qu'il a voulu s'amuser aux dépens de ses camarades.

Une autre façon de prédire l'avenir consiste à regarder le feu ou le soleil à travers une omoplate de mouton ou de gazelle, tuée par celui qui interroge le sort. Les dessins formés par la lumière dans le cartilage translucide sont interprétés d'après une règle qui ne m'a pas l'air très sûre. Kaddour ne se laissait jamais décourager par l'insuccès ordinaire de ses prédictions, sa foi restait inébranlable.

De Sedjert-Brahim, je pris la direction de Hassi-Mey. Nous passons près du puits mort de Bent-Yahia et de celui, vivant, de Melah-el-Hadaou.

Près de Bent-Yahia, nous réveillons un gros serpent qui a bien 2 mètres 50 de long et la grosseur du bras. Il file entre les pattes de nos chameaux, au grand effroi de mes hommes. Ce serpent qu'ils appellent *debbane* passe pour très venimeux ; je n'en crois rien, ce doit être plutôt une grosse couleuvre ; d'ailleurs, l'inoffensif gecko a aussi chez les Chamba la réputation d'être très dangereux ; il a fallu que je leur prouve en lui mettant le doigt dans la gueule, que c'était une fable, pour qu'ils consentissent à me croire, encore ont-ils dû supposer que j'avais un talisman pour me préserver du venin.

Ma chienne sloughia ayant attrapé un fenec, nous le fîmes cuire à la mode arabe, c'est-à-dire sous le sable, dans un trou plein de braise. Les musulmans ne mangent pas de renard, mais ils aiment beaucoup le fenec ; ils ont d'ailleurs bien raison, c'est un excellent gibier, dont le fumet agréable est tout différent de l'odeur infecte du renard.

Près de Melah-el-Hadaou, Soueci rencontre des amis qui lui apprennent une nouvelle désagréable, son frère s'est associé à un autre Chamba, a volé 20 chameaux à ses voisins et est parti en dissidence avec son complice. Le pauvre Soueci est navré ; ce n'est pas tant la mauvaise action de son frère qui l'attriste que les conséquences dont il est menacé. D'abord son troupeau personnel est indivis avec celui de son frère, et les volés ne manqueront pas de lui demander la restitution. De plus, il va être mal vu dans sa tribu, car au lieu de voler des chameaux arabes, ce qui n'aurait pas nui à sa réputation, — au contraire — cet étourdi a enlevé un troupeau appartenant à des Chamba. Enfin Soueci aime son frère et ne voudrait pas le quitter pour toujours. Pour tous ces motifs il ne voit qu'un seul remède à sa situation, partir aussi en dissidence, et aller retrouver le fugitif au Gourara.

Cette perspective ne lui sourit pas du tout, et ses camarades m'expliquent que la vie des dissidents n'est guère enviable. Toute la lie du désert semble concentrée là-bas ; si parmi eux se trouvent quelques braves gens partis de chez nous pour des querelles avec leurs caïds ou leurs cadis, il y a aussi une telle quantité de bandits capables de tout, que la sécurité n'existe pas. La misère règne partout, les dattes sont la seule ressource, le grain, venant d'Algérie, est hors de prix. Les troupeaux, qu'on n'ose pas faire pâturer loin des tentes, sont peu nombreux et mal nourris ; la chasse qui serait une ressource, ne peut être pratiquée par des gens isolés, car les bandits n'hésiteraient pas à tuer un homme pour lui prendre son fusil. L'anarchie la plus complète règne partout. « La vie d'un homme, me disaient mes « guides, ne pèse pas plus là-bas que celle d'un oiseau. »

Si les bandits se réunissent quelquefois sous les ordres d'un chef pour faire un razzou, une fois revenus, ils ne reconnaissent plus d'autorité, et se battent même souvent pour le partage du butin.

Ce manque de chefs réguliers scandalisait mes Chamba. « Tout est permis contre de pareils gens, disaient- « ils, puisqu'ils vivent non seulement comme les nègres « infidèles, mais comme les bêtes, car les infidèles « eux-mêmes ont des lois, et obéissent à des chefs. » On conçoit que la vie dans de telles conditions ne souriait point à Soueci. Ce qui ajoutait encore à son ennui, c'est la conviction que la France ne tarderait pas à prendre ce pays, et alors les dissidents seront dans une fâcheuse position.

La question de la pénétration dans le Sud les préoccupe beaucoup. Tous connaissaient la formation de cette colonne qui a été arrêtée par un contre-ordre au moment même où elle s'ébranlait. S'ils ne font pas d'objections à la prise du Gourara et du Touat, pays sans autorités constituées, et d'où partent d'ailleurs tous les razzou qui viennent chez nous, nos prétentions sur Insalah les étonnent ; ils disent que ce n'est pas la même chose ; dans le Tidikelt il y a un gouvernement régulier, une police sérieuse, et nous ne pouvons pas nous établir chez ces gens-là, qui (prétendent-ils) ne nous ont jamais rien fait. Comme tout le monde, je savais que les gens d'Insalah n'ont qu'une sympathie très modérée pour nous, mais je n'étais pas assez au courant de la politique saharienne, pour préciser les griefs que nous avons contre eux.

Il y a en ce moment une détente très marquée dans nos rapports avec les Touaregs. Les Azjer sont composés de trois tribus, dont une, les Iforhas, sont bien disposés en notre faveur. Cela tient à trois causes principales : 1° l'influence dans cette tribu des marabouts Tidjanya dévoués à la France ; 2° leur pauvreté actuelle due à plusieurs années de sécheresse qui ont détruit leurs pâturages ; ils espèrent en se rapprochant de nous regagner par le commerce ce qu'ils ont perdu ; 3° une cause toute récente s'ajoute au désir qu'ils ont de s'assurer notre amitié, c'est l'hostilité que leurs premières tentatives de rapprochement ont déterminée contre eux de la part des gens de Rhadamès ; une razzia gigantesque a été faite sur leurs troupeaux par des gens du Fezzan, excités par les Rhadamsi. N'étant pas de force à se venger seuls, ils nous appellent à leur aide. Enfin une raison qui a pu amener une détente, est la richesse actuelle des Hoggar, autrefois les plus turbulents ; une série de bonnes années ont augmenté leurs troupeaux et les ont enrichis ; par conséquent, d'anarchistes ils sont devenus conservateurs.

La prise récente de Tombouctou causera une grande sensation dans le désert ; elle produira infailliblement deux effets contraires : d'abord les fanatiques s'en prévaudront pour prêcher une levée générale contre nous, mais je ne crois pas qu'ils réussissent à entraîner beaucoup de monde ; un sentiment bien facile à constater chez les nomades est la crainte des troupes françaises ; mes Chamba le disaient franchement : « Vous êtes trop « nombreux, trop bien armés et vous savez trop bien « vous battre. » La prise de la ville sainte, la grande cité mystérieuse du désert, toujours célébrée dans les récits des caravaniers, n'est certes pas pour affaiblir le sentiment de notre force supérieure. Si tous les nomades sont de fervents musulmans, il s'en faut de beaucoup qu'ils soient tous fanatiques ; ceux qui ont vu nos armées de près sont convaincus qu'ils seront battus d'avance dès que nous nous déciderons à les attaquer sérieusement, et leur foi n'est pas assez vive pour les pousser à une lutte qu'ils sentent inégale. Il est extrêmement fâcheux que le massacre de la petite colonne du colonel Bonnier soit venu ternir l'éclat de ce beau succès, j'espère toutefois que les fanatiques n'auront pas le temps d'exagérer l'importance de ce revers ; les caravanes qui reviendront bientôt du Niger apporteront la nouvelle que les Français sont toujours maîtres de Tombouctou, et ce fait seul suffira à donner à nos ennemis une haute idée de notre puissance.

A Hassi-Mey on a construit un bordj en face de l'ancien puits ; ce bordj comme tous ceux du désert se compose d'une cour carrée entourée d'un mur percé de meurtrières quatre petites chambres sont ménagées aux angles ; un puits et un abreuvoir occupent le milieu de la cour. Le bordj est inoccupé et placé sous la surveillance d'un gardien. Celui-ci était absent à notre arrivée, mes guides prétendaient même qu'il n'était jamais dans le bordj, il y a trop peur ; de temps en temps il vient voir si tout est en ordre et retourne à sa tente dans le voisinage.

Il faisait très froid, il avait plu pendant la nuit, un vent du N. W. cousin-germain du mistral aurait gêné la plantation de la tente ; aussi nous nous décidâmes à entrer par escalade. Ce ne fut pas long, une corde lancée par dessus le mur et ramenée par une meurtrière servit d'échelle à Soueci, qui une fois dans la cour, n'eut pas de peine à nous ouvrir la porte.

Dans la journée un Chamba vint abreuver des chameaux au puits situé en dehors du bordj et annonça à

Soueci que sa mère était à quelques kilomètres de là. En bon fils, celui-ci me demanda une permission aussitôt accordée ; peu après, le gardien qu'il avait rencontré en route, arriva assez inquiet ; il chercha à m'expliquer que s'il était absent à mon arrivée, c'est qu'il était parti chercher un chameau échappé ; comme c'était peut-être vrai, et que d'ailleurs cela ne me regardait nullement, je le rassurai, et lui demandai de me procurer un mouton ; la gazelle est un excellent gibier, mais il y avait trop longtemps que nous ne mangions que cela.

Le lendemain fut consacré au repos, et à d'interminables conversations avec des visiteurs venant des campements voisins. J'ai signalé l'année dernière la rapidité de transmission des nouvelles dans le Sahara ; j'en ai eu alors un exemple, en apprenant le départ de M. Foureau pour Insalah, avec une petite escorte d'hommes sûrs ; or il y avait moins de 20 jours de cela, et la nouvelle avait dû passer par Ouargla, Touggourt et El-Oued avant de nous arriver. J'ai aussi appris le retour de M. Méry vers le Nord, rappelé par son comité.

De Hassi-Mey à El-Oued, nous étions en pays moins désert, d'innombrables pistes de moutons ou de chèvres coupaient notre route, nous avions constamment en vue des chameaux au pâturage, nous rencontrions tous les jours du monde, et nous trouvions des puits à chaque étape. A notre dernier campement avant El-Oued, un chameau appartenant à ce pauvre Soueci creva pendant la nuit ; c'était heureusement un vieux chameau, son maître venait de le vendre à Ben-Grinn, pour 55 francs ; mais le rusé gaillard, servi sans doute par ses talents de sorcier, avait stipulé que le marché ne serait définitif qu'à Biskra. Nos autres chameaux étaient très impressionnés de la mort de leur camarade, on les trouva le matin groupés autour du cadavre, ne mangeant pas, et ils restèrent nerveux et ombrageux toute la matinée.

Vers une heure nous arrivions à Amich, premier village de cette étonnante vallée du Souf, perdue au milieu de dunes encore plus désolées et plus rudes que celles d'Aïn-Teïba, quoique moins hautes. Le contraste est frappant entre l'aspect de cette région tourmentée, où l'on chercherait vainement la plus petite trace de végétation et la vallée luxuriante, cultivée avec un soin jaloux, remplie de maisons bien bâties, peuplée d'une race active et grouillante. L'impression est encore plus vive si, comme nous, on arrive d'une tournée dans le désert. Jusqu'à El-Oued nous longeons d'admirables plantations de palmiers, et une suite ininterrompue de maisons originales, avec leur toit formé de petites coupoles basses.

Je suis resté deux jours à El-Oued, reprenant avec bonheur des habitudes civilisées ; on y attendait la visite du général de la division de Constantine, et on préparait la formation d'une colonne destinée à construire un bordj à Bel-Heïrane.

D'El-Oued à Biskra, le voyage se fait sans fatigue, on trouve à chaque étape des bordjs bien tenus, où l'on peut se procurer des vivres frais. A Guémar, première étape, nous trouvons une troupe de Touaregs auxquels le marabout Tidjani donne l'hospitalité dans sa magnifique zaouïa. Ces Touaregs, venus avec femmes et enfants, désirent s'établir chez nous ; d'après les Chamba d'El-Oued, peut-être poussés par un peu de jalousie, ces Iforhas ont été renvoyés de chez eux par les deux autres tribus d'Azjer, qui ne verraient pas d'un bon œil des relations amicales s'établir avec nous. Bien entendu, les Touaregs protestent contre cette interprétation de leur démarche, et affirment que la sécheresse persistante de leurs pâturages, et leur amitié pour la France sont les seuls motifs qui les poussent à émigrer.

De Guémar à Saada, le voyage se fit sans incidents, sauf quelques difficultés au passage des chotts, causées par la boue que des pluies abondantes avaient amenée et sur laquelle les chameaux glissaient d'une manière dangereuse.

A Saada, je trouvai l'Oued-Djeddi débordé et impraticable pour les chameaux. Je louai un cheval et arrivai à Biskra le soir même, 23 décembre 1893 ; mes bagages et mes chameaux passèrent par Oumach, où la rivière est plus facile à traverser, et me rejoignirent le lendemain.

Mars, 1894.

P. de FROBERVILLE.

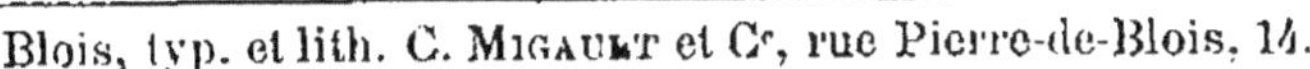

Blois, typ. et lith. C. Migault et Cie, rue Pierre-de-Blois, 14.

www.ingramcontent.com/pod-product-compliance
Lightning Source LLC
LaVergne TN
LVHW020245230826
846091LV00006B/2254